CATALOGUE

DE

LIVRES

Relatifs à l'Architecture, l'Ornementation
et l'Ameublement

BEAUX DESSINS INDUSTRIELS

Pour la Fabrication des Meubles

PHOTOGRAPHIES ET ESTAMPES EN LOTS

COMPOSANT LA

Bibliothèque de M. MAZAROZ-RIBALIER

DONT LA VENTE AUX ENCHÈRES PUBLIQUES AURA LIEU

Par suite de Liquidation judiciaire

HOTEL DROUOT — SALLE N° 4

Les Jeudi 6 et Vendredi 7 Novembre 1890

A DEUX HEURES PRÉCISES

COMMISSAIRES-PRISEURS :

Me Léon TUAL	Me P. CHEVALLIER
Rue de la Victoire, 56	Rue de la Grange-Batelière, 10

ASSISTÉS DE :

M. Jules BOUILLON

Marchand d'Estampes de la Bibliothèque Nationale

Rue des Saints-Pères, 3

EXPOSITION PUBLIQUE

Le Mercredi 5 Novembre 1890, de 2 heures à 5 heures.

PARIS — 1890

CONDITIONS DE LA VENTE

La vente est faite au comptant.

Les Acquéreurs paieront CINQ POUR CENT en sus des enchères applicables aux frais.

A. MAULDE et Cie, imprimeurs de la Compagnie des Commissaires-Priseurs, rue de Rivoli, 144. 900—9295

CATALOGUE

DE LIVRES

COMPOSANT

La Bibliothèque de M. MAZAROZ-RIBALIER

1. **Abrégé** de la vie des plus fameux peintres, avec leurs portraits gravés en taille-douce, les indications de leurs principaux ouvrages....., par M***, de l'Académie royale des sciences de Montpellier. *A Paris, chez De Bure*, 1745, 1 vol. in-4, v.

2. **Adams** (L.). Décorations intérieures et Meubles des époques Louis XIII et Louis XIV, reproduits d'après les compositions de Crispin de Passe, Paul Vredeman de Vrièse, Sébastien Serlius, Berain, etc. et relevés sur des documents de ces époques, par Louis Adams. *Paris, A. Morel*, 1865, 1 vol. in-fol , demi-rel. maroq. viol.

3. **Albertolli.** Alcune decorazioni di nobili sale ed altri ornamenti del Cavaliere Giocondo Albertolli. *Milano*, 1843. — Ornamenti diversi inventati, disegnati ed eseguiti dal Cavaliere Giocondo Albertolli. *Milano*, 1843, 2 vol. in-fol., demi-rel. maroq. bleu.

4. **Antiche.** Opere in plastica discoperte, raccolte, e dichiarate dal Marchese G. Pietro Campana. *Roma*, 1851, 2 vol. in-fol., cart.

5. **Asselineau** (Ch.). Meubles et Armes du Moyen Age. *Paris, Hauser*, 1844, 2 vol. in-fol., demi-rel. bas., contenant 184 pl. sans texte.

6. **Bajot**. Intérieurs d'appartements meublés, vus en perspective dans les styles du XVe au XVIIe siècle, composés et dessinés par M. Bajot. *Paris, Ch. Claesen*, 1884, 26 pièces in-fol. en portefeuille.

7. **Baldus**. Œuvre de Jacques Androuet Du Cerceau (Meubles). Héliogravure par Ed. Baldus, 1 vol. in-fol., cart.

8. **Baptiste Monnoyer**. Livre de toutes sortes de fleurs, d'après nature. 56 planches en 1 vol. in-fol., demi-rel. maroq. bl., dos et coins.

9. **Barré** (L.). Herculanum et Pompéi. Recueil général des Peintures, Bronzes, Mosaiques, etc., découverts jusqu'à ce jour, et reproduits d'après Le Antichita di Ercolano, il museo borbonico, et tous les ouvrages analogues, augmenté de sujets inédits, gravés au trait sur cuivre, par H. Roux aîné, et accompagné d'un texte explicatif par M. L. Barré. *Paris, librairie de Firmin Didot frères*, 1840, 8 vol. gr. in-8, cart.

10. **Barry**. Illustrations of the new Palace of Westminster, Charles Barry, Esq., R. A. Architect. from Drawings by J. Johnson, f. S. A., and G. somers Clarke, architect, and John Thomas, sculptor. *London*, 1849, 1 vol. gr. in-4, cart.

11. **Baudot**. La Sculpture française au Moyen Age et à la Renaissance, ouvrage publié sous la direction de A. de Baudot. *Paris*, 1884, 2 vol. in-fol., demi-rel. bas.

12. **Berain** (J.). Son Œuvre : Meubles, Bijoux, Tapisseries, Dessins de cheminées, Vases, Grilles, Balcons, Panneaux, Candélabres, Cérémonies funèbres, etc. 78 pièces en 1 vol. in-fol., demi-rel. maroq. vert.

13. **Bibiéna**. Architetture e prospettive, da Giuseppe Galli Bibiena, 1740, 1 vol. in-fol., cart.

14. **Bloem** (Hans). Velchspwinghe plan de auf Colonnen van architecture te weten ; Tuscana, Dorica, Ionica corinthia ende composita. *Amsterdam*, 1619, 1 vol. in-fol., v. *Fig*.

15. **Blondel**. De la distribution des Maisons de plaisance et de la décoration des édifices en général, par Jacques-François Blondel. *A Paris, chez Charles-Antoine Jombert*, 1737-1738, 2 vol. in-4, v.

16. **Blondel**. Livre nouveau ou règle des cinq Ordres d'architecture, par Jacques Barozzio de Vignole, nouvellement revu, corrigé et augmenté par M. B..., architecte du roy. *A Paris, chez Petit*, 1767, 1 vol. in-fol., cart.

17. **Bochio**. Descriptio publicæ gratulationis, spectaculorum et ludorum, in adventu sereniss. principi Ernesti Archiducis Austriæ, Ducis Burgundiæ, comitis habsp. aurei velleris equitis, belgicis provinciis a regio Ma^e^ Cathol. præfecti. An. 1594, XVIIIe. Kal Julias, Alisque diebus Antverpiæ editorum. *Antverpiæ*, ex officina plantiniana, 1595, 1 vol. in-fol., vél.

18. **Bocklern**. Architectura curiosa nova. Das ist neve ergolzliche sinn und Kunstreiche auch nutzliche Bau- und Wasser Kunst. *Nurnberg*, 1664, 1 vol. in-fol., vél. *Figures*.

19. **Boissard** (J.-J.). Vitæ et icones sultanorum turcicorum principum Persarum, etc., ab Osmane ad Mahometum II, omnia recens in æs incisa per Theod. de Bry. *Francofurti ad Moem* 1596, 1 vol. in-4, vél. *Figures*.

20. **Bonnard** (Genre de). Costumes d'hommes représentant les Métiers de Paris, avec leurs attributs. 41 pièces en 1 vol. in-fol., cart.

21. **Bonnard** et **Mercuri**. Costumes historiques des XIIIe XIVe et XVe siècles, extraits des documents les plus authentiques de peinture et de sculpture, dessinés et gravés par P. Mercuri, avec un texte historique et descriptif par Camille Bonnard. *Paris*, *Goupil et Vibert*, 1845, et *Camille Bonnard*, 1830, pour le tome second. 2 vol. in-4, cart. *Fig*.

22. **Bosse**. Traité des manières de dessiner les ordres de l'architecture antique en toutes leurs parties..., par A. Bosse. *A Paris*, *chez Pierre Auboüin*, *Pierre Emery* et *Charles Clousier*, s. d., 1 vol. in-fol., v.

23. **Bouchet** (Jules). Compositions antiques dessinées, gravées et publiées par Jules Bouchet, architecte. *Paris*, *chez l'auteur*, s. d., 1 vol. in-4 obl., cart.

24. **Bouchet** (J.). La villa Pia des jardins du Vatican, architecture de Pirro Ligorio, publiée dans tous ses détails par Jules Bouchet et avec un texte descriptif par Raoul Rochette. *Paris*, 1837, 1 vol. in-fol., cart.

25. **Bourgoin** (J.). Les Arts arabes, architecture; menuiserie, bronzes, plafonds, revêtements, marbres, pavements, vitraux, etc., avec une table descriptive et explicative et le trait général de l'art arabe, par Jules Bourgoin. *Paris, v° A. Morel et Cie*, 1873, 1 vol. in-fol., en portefeuille.

26. **Boyvin** (René). L'histoire de Jason et de Médée ou la Conquête de la toison d'or. 14 pièces en 1 vol. in-8 obl., cart.

27. **Le Brabant** illustré, contenant une exacte description de tous les châteaux et maisons seigneuriales du Brabant..., tiré du cabinet de Jacques Le Roi, 1705, 1 vol. in-fol., v.

28. **Briseux**. Traité complet d'Architecture, divisé par leçons, d'après les cinq ordres, tirées des meilleurs architectes, avec cent trente-huit planches en taille-douce, contenant les plus beaux monuments de l'Europe, par Briseux. *A Paris, chez Ferdinand Bastien, an V de la République*, 2 vol. gr. in-4, demi-rel., v.

29. **Bruyn** (N. de). Libellius varia genera piscium complectens... N. de Bruyn fecit. F. V. Beusecom excudit. 12 pièces.

Diversæ insectarum volatilium icones ad vivum accuratissime depictæ per Celeberrimum pictorem D.-J. Hoefnagel..., 1630, 16 pièces.

Les Jardins des sauterelles et papillons, ensemble la diversité des mouches recueilli au service d'un chacun. Henri Le Roy excudit. Suite de 10 pièces.

Ces trois suites réunies en 1 vol. in-8 obl. v. marb.

30. **Cafmeyer**. Vénérable histoire du Très Saint Sacrement de miracle..., enrichi de très belles figures en taille-douce, composée en flamand par Pierre de Cafmeyer et traduit en français par G. D. B. *Bruxelles*, 1720, 1 vol. in-fol., cart.

31. **Caillouet**. Recueil de Serrurerie, 18 pièces en 1 vol. in-fol., vél.

32. **Calliat** (V.). Encyclopédie d'Architecture, journal mensuel publié sous la direction de Victor Calliat. *Paris, Bance*, 1851-1852, 2 vol. in-4, cart.

33. **Camillo Camilli**. Imprese illustri di diversi, coi discorsi di Camillo Camilli, et con le figure intagliate in rame di Girolamo Porro. *Venetia, Francesco Zeletti*, 1586, 1 vol. in-4, v. *Fig.*

34. **Carrache** (An.). La galerie Farnèse, 1 vol. in-fol. obl., cart.

35. **Cauvet** (G.-P.) Recueil d'Ornements à l'usage des jeunes artistes qui se destinent à la décoration des bâtiments, dédié à Monsieur par G.-P. Cauvet. *A Paris, chez l'auteur*, 1767, 83 pl. rel. en 1 vol., cart.

36. **Chambers**. Dessins des édifices, meubles, habits, machines et ustensiles des Chinois, gravés sur les originaux dessinés à la Chine par M. Chambers. *Londres*, 1757, 1 vol. in-fol., cart.

37. **Chapron**. Les loges de Raphaël, suite de 54 pièces en 1 vol. in-fol. obl., cart.

38. **Chapuy**. Le Moyen-Age monumental et archéologique. *Paris, Hauser*, 1843, 3 vol. in-fol., demi-rel., bas., contenant 438 pl. avec texte par D. Ramée.

39. **Charmeton**. Corniches, ornements et arabesques, choisis sur l'antique, par Charmeton, peintre, gravés par Fay, 30 pièces en 1 vol. in-4, br.

40. **Claesen**. L'Art ancien au pays de Liège. Nouveau recueil de meubles, portes, cheminées et motifs de sculpture en bois inédits du XVIIe et spécialement du XVIIIe siècle, 42 pl. photographies, in-fol. en portefeuille.

41. **Cotman.** Les Antiquités monumentales de la Normandie, dessinées et gravées par John Cotman, avec des notes historiques et descriptives par Paul Louisy, précédés d'une introduction par M. de Beaurepaire. *Paris*, 1881, 1 vol. in-fol., demi-rel., maroq. rouge, dos et coins.

42. **Coulon**, Nouveau Vignole des menuisiers, ouvrage théorique et pratique utile aux ouvriers, maîtres et entrepreneurs, par A.-G. Coulon. *Paris, Dunod*, s. d., 2 vol. in-4. br.

43. **Curiosités** des villes de Breda, Anvers et Dordrecth. 1 vol. in-fol., demi-rel., maroq, br.

44. **Daly** (C.). Motifs historiques d'architecture et de sculpture d'ornement pour la composition extérieure des édifices publics et privés. Choix de fragments empruntés à des monuments français du commencement de la Renaissance à la fin de Louis XVI...., par M. César Daly. *Paris, Morel*, 1869, 2 vol., demi-rel. maroq. viol., dos et coins.

45. **Daniel.** Collection complète de chiffres doubles, composée et dédiée aux artistes industriels. — Collection complète des chiffres à deux lettres entrelacées. 2 vol. in-8, cart.

46. **D'Aviler** (C.-A.). Cours d'architecture qui comprend les ordres de Vignole, avec des commentaires, les figures et les descriptions de ses plus beaux batiments et de ceux de Michel-Ange....., par le sieur C.-A. d'Aviler. *A Paris, chez Jean Mariette*, 1738, 1 vol. in-4, v. marb. *Fig.*

47. **D'Aviler.** Le même ouvrage. Edition publiée par Ch.-Ant. Jombert, en 1760. 1 vol. in-4, v. *Fig.*

48. **D'Aviler.** Explication des termes d'architecture, par le sieur C.-A. D'Aviler. *A Paris, chez Jean Mariette*, 1710, 1 vol. in-4., v.

49. **Decker.** Architectura civilis. *Ausburg*, 1711. 1 vol. in-fol. cart., contenant 65 pl.

50. **Delafosse** (J.-Ch.). Nouvelle Iconologie historique ou attributs hiéroglyphiques, dédié aux artistes par Jean-Charles De Lafosse. *Amsterdam*, s. d., 10 vol. in-fol., demi-rel. v.

51. **Delafosse** (J.-Ch.). Son œuvre, 1re partie : Iconologie historique. — 2e et 3e parties : Bronzes et Meubles. 278 pièces, dont trois dessins originaux, en 1 vol. in-fol., demi-rel. v.

52. **De L'Orme** (Ph.). Architecture de Philibert De L'Orme, conseiller et aumônier ordinaire du Roy et abbé de Sainct-Serge-lez-Angers. *A Rouen, chez David-Ferrand*, 1648. 1 vol. in-fol., v.

53. **Description** des principales Pierres gravées du cabinet de S. A. S. Monseigneur le Duc d'Orléans, premier prince du sang. *Paris*, 1780-1784. 2 vol. gr. in-8, cart. *Fig.*

54. **Desjardins.** Monographie de l'Hôtel de Ville de Lyon, restauré sous l'administration de MM. Vaisse et Chevreau, sénateurs, par Tony Desjardins, accompagnée d'un texte historique et descriptif. *Paris, A, Morel*, 1867. 1 vol. in-fol., demi-rel., maroq. br., dos et coins.

55. **Desrais** et **Leclerc.** Gallerie des Modes et Costumes français dessinés d'après nature, gravés par les plus célèbres artistes en ce genre. Ouvrage commencé en l'année 1778. *A Paris, chez les sieurs Esnauts et*

Rapilly. 1 vol. in-fol. cart., contient : titre gravé, introduction et texte. 95 pl. et privilège.

56. **Diderot**. Encyclopédie ou Dictionnaire raisonné des Sciences, des Arts et des Métiers, par une Société de gens de lettres, mis en ordre par Diderot; et quant à la partie mathématique, par d'Alembert. *Paris*, 1751-1772 (Les planches seulement). 12 vol. in-fol. v.

57. **Dieterlin** (Wendel). Architectura von austheilung symetria und proportion der funff seulen. Und aller daransz volgender Kunstarbeet, von fenstern, Carminen, Thurgerichten, Portalen, Bronnen un Epitaphen. Durch Wendel Dieterlin Maler zu Strasburg. Getruckt Nurnberg in verlegung Balthasar Caymor, 1598. 1 vol. in-fol., maroq. br.

58. **Dieterlin** (Wendel). Le même Ouvrage. Edition différente de la précédente, portant la même date et une feuille de dédicace remplaçant le portrait de l'auteur. 1 vol. in-fol., vél.

59. **Divers.** Armes défensives et offensives des Grecs, des Romains et autres Peuples de l'antiquité, d'après les monuments antiques. — Vases et Objets divers, gravés au trait. — Modèles de Meubles de l'antiquité, composés, dessinés et gravés par Jacob Petit. 3 vol. in-4 et in-fol. cart.

60. **Divers.** Sujets de l'Iliade d'Homère, gravés d'après les compositions de John Flaxman. — Sujets de l'Odissée d'Homère, gravés d'après les dessins et compositions de John Flaxman. — Sujets de Vases grecs, avec leurs inscriptions, tirés de la collection du chevalier Hamilton. 3 vol. in-4., cart.

61. **Divers.** Calendrier chinois. — Charges chinoises. 2 vol. in-8, br.

62. **Dolce**. Imprese nobili et ingeniose de diversi prencipi et d'Altri personaggi illustrinell' arme et nelle lettere. — Con le dichiarationi in versi di M. Lodovico Dolce et d'Altri. *In Venetia*, 1583, 1 vol. in-4, vél.

63. **Ducerceau** (J.-A.). Meubles, 48 pièces. — Cariatides, 6 pièces. — Fleurons composés de cuirs, de figures et de fruits, 2 pièces. — Modèles de serrurerie, 8 pièces. — Fonds de coupes, 3 pièces. Le tout relié en 1 vol. in-fol, demi-rel., maroq. br.

64. **Ducerceau** (J.-A.). Grotesques ou grandes Arabesques, 36 pièces. — Frises et ornements divers, 7 pièces. — Grotesques ou petites Arabesques, 60 pièces. En tout 103 pièces reliées en 1 vol. in-fol., demi-rel., maroq. brun.

65. **Ducerceau** (J.-A.). Vérité, Mélancholia, Natura, Servitude, Désespoir, Honneur, Punition, 7 pièces. — Vases, Aiguières et Coupes, 60 pièces. Ces deux séries reliées en 1 vol. in-fol., demi-rel., maroq. br.

66. **Ducerceau** (J.-A.). Détails d'Architecture : Corniches, Chapitaux et Bases, 20 pièces. — Arcs-de-triomphe antiques de Rome, d'Italie, de Vienne et de France, 1549, 26 pièces. — Vues d'optique, 1551, suite de 20 pièces. Ces trois suites reliées en 1 vol. in-fol., demi-rel., maroq. br.

67. **Ducerceau** (J.-A.) Le premier et le second volume des plus excellents bâtiments de France. — Auquel sont désignez les plans de quinze Bâtiments et de leur contenu, ensemble les élevations et singularites d'un chacun par Jacques Androuet Du Cerceau architecte. *A Paris, pour ledit Jacques Androuet, Du Cerceau*, 1607, 2 tomes en 1 vol. in-fol., v.

68. **Ducerceau** (J.-A.). Second livre d'Architecture par Jacques Androuet Du Cerceau, contenant plusieurs et diverses ordonnances de cheminées, lucarnes, portes, fontaines, puits et pavillons pour enrichir tant le dedans que le dehors de tous les édifices avec les desseings de dix sépultures différentes. *Paris, de l'Imprimerie d'André Wechel*, 1561, 1 vol. in-fol., maroq. violet.

69. **Ducerceau** (J.-A.). Temples. *Orléans*, 1550, suite de 36 pièces, 1 vol. in-8, obl. cart.

70. **Dumont**. Recueil de plusieurs parties d'architecture de différents maîtres tant d'Italie que de France mis au jour par M. Dumont, professeur d'architecture. *A Paris, chez l'auteur, s.d.*, 2 vol. in-fol., vél.

71. **Durer.** Albertus Durerus Nurembergensis pictor hujus œtatis celeberrimus, versus è Germanica lingua in latinam, pictoribus, fabris ærariis ac lignariis, Lapicidis, statuariis et univeriis demum qui circine, gnomone, libella, aut alioqui certa mensura opera sua examinant, prope necessarius : adeo exactè quator his suarii institutionum Geometricarum libris, lineas, superficies et solida corpora tractavit adhibitis desi-

gnationibus adeamrem accomodatissimis. *Parisiis*, 1535, 1 vol. in-fol., v.

72. **Du Somerard.** Les Arts au Moyen Age. 1 vol. in-fol., demi-rel., maroq. vert, contenant 108 pl.

73. **Dutuit** (Eugène). L'Œuvre complet de Rembrandt, décrit et commenté par M. Eugène Dutuit et reproduit à l'aide des procédés de l'héliogravure par M. Charreyre. Catalogue raisonné de toutes les estampes du maître accompagné de leur reproduction en fac-simile de la grandeur des originaux au nombre de 360 environ, précédé d'une introduction sur la vie de Rembrandt et de l'appréciation de ses œuvres. *Paris, A. Lévy*, 1883-1885, 3 vol. gr. in-4, demi-rel., maroq. br., dos et coins et un portefeuille contenant les grandes pièces.

74. **Ecole italienne.** Gravures d'après les peintures et statues des galeries d'Italie. 2 vol. in-fol. cart.

75. **Fay.** Frises et Arabesques, 63 pièces en 1 vol. in-fol., demi-rel., maroq vert, dos et coins.

76. **Ferrante.** Architettura con diversi ornamenti cavati dall'Antico da Gio Battista, Montano milanese, Dati in luce da Calisto Ferrante Romano. *In Roma*, 1636, 1 vol. in-fol. cart.

77. **Festes.** L'Entrée triomphante de leurs Majestez Louis XIV, roy de France et de Navarre, et Marie-Thérèse d'Autriche, son épouse; dans la Ville de Paris capitale de leurs Royaumes, au retour de la signature de la paix générale et de leur heureux mariage. *A Paris, de l'Imprimerie de François Le Cointe* 1562, 1 vol. in-fol., demi-rel., vél. *Fig.*

78. **Fêtes.** Représentation des Fêtes données par la Ville de Strasbourg pour la convalescence du roi, à l'arrivée et pendant le séjour de Sa Majesté en cette ville, inventé et dessiné par Weiss, graveur de la ville de Strasbourg. *S. d.* 1 vol. in-fol., v., marb. *(Aux armes du Roy).*

79. **Fêtes.** Le Sacre de Louis XV, roy de France et de Navarre, dans l'Eglise de Reims, le dimanche 25 octobre 1722. *S. l.* n. d. 1 vol. in-fol., v. (*Aux armes du Roy*).

80. **Fleurimont.** Médailles du règne de Louis XV. 1 vol. in-4, cart.

81. **Forty-Salembier** et **Fontanieu**. Orfévrerie modèles de bronzes d'ameublement, vases, etc., 84 pièces en 1 vol. in-fol., demi-rel. maroq. bleu, dos et coins.

82. **Francine**. Traité d'Architecture contenant plusieurs portiques de différentes inventions sur les cinq ordres de colonnes, par Alexandre Francine. *Paris, chez Melchior Tavernier*. 1631, 1 vol. in-fol., cart.

83. **Francine**. Livre d'Architecture contenant plusieurs portiques de différentes inventions, sur les cinq ordres de colonnes, par Alexandre Francène. *A Paris, chez Melchior Tavernier*, 1631, 1 vol. in-fol., vél.

84. **Friderich**. Neües Biratenbüch œudetheil durch Meister Friderich. *Nurnberg*, s. d., 1 vol. gr. in-8, demi-rel. maroq., br., contenant 65 pl.

85. **Galle** (Ph.). Prosopographia, sive virtutum, animi, corporis, bonorum, externorum, vitiorum et affectuum variorum delineatio, imaginibus accurate expressa a Philippo Gallæo, et monochromate ab eodem edita; Distichis a Cornelio Kiliano Dufflæo illustrata. 1 vol. in-4, cart., contenant 43 fig., titre, dédicace et texte.

86. **Germain** (P.). Éléments d'orfévrerie, divisés en deux parties de cinquante feuilles chacune, composez par Pierre Germain. *Paris, chez l'auteur*, 1748, 2 parties en 1 vol. in-4, demi-rel. v.

87. **Gevartius** (Casp.). Pompa introitus Ferdinandi Austriaci, Hispaniarum infantis, etc., in urbem Antverpiam, iconibus a P. P. Rubenio delineates et commentaris. G. Gevartii illustrata. *Antverpiæ*, 1642, 1 vol. in-fol., cart. *Fig*.

88. **Giardini** (J.). Promptuarium artis argentariæ, par Joannes Giardini. *Romæ*, 1750, 1 vol. in-fol., v.

89. **Gibbs** (J.). A book of architecture, Containing designs of buildings and ornements by James Gibbs. *London*, 1739, 1 vol. in-fol., v.

90. **Giraud** (J.-B.). Recueil descriptif et raisonné des principaux objets d'art ayant figuré à l'exposition rétrospective de Lyon. 1877, 83 planches (héliogravures) hors texte, par J.-B. Giraud. *Lyon*, 1878, 1 vol. in-fol., cart.

91. **Girault de Prangey**. Choix d'ornements moresques de l'Alhambra, ouvrage faisant suite à l'atlas, in-fol. Monuments arabes et moresques de Cordoue,

Séville et Grenade, par Girault de Prangey. *Paris, Hauser,* s. d., 1 vol. in-fol., demi-rel., maroq. rouge, dos et coins.

92. **Godwin.** Art furniture designed by Edward W. Godwin and manufactured by William Watt, 1 vol. gr. in-8, obl., cart.

93. **Gravelot** et **Cochin.** Iconologie par figures ou traité complet des Allégories, Emblèmes, etc., ouvrage utile aux artistes, aux amateurs, et pouvant servir à l'éducation des jeunes personnes, par MM. Gravelot et Cochin. *A Paris, chez Le Pan,* s. d., 3 vol. in-8, demi-rel., bas. (Manque le tome II.)

94. **Guichard.** Les Tapisseries décoratives du garde-meuble, choix des plus beaux motifs, par Ed. Guichard; texte par Alfred Darcel. *Paris, J. Baudry,* s. d., in-fol. en livr., 116 pl., avec texte.

95. **Guichard** (E.). Les Tissus anciens reconstitués à l'aide du costume, des miniatures et des documents inédits, par E. Guichard, architecte décorateur, 1 vol. gr. in-4, demi-rel. maroq., br.

96. **Guilmard** (D.). Les Maîtres ornemanistes dessinateurs, peintres, architectes, sculpteurs et graveurs, par D. Guilmard, publication enrichie de 180 pl. tirées à part et de nombreuses gravures dans le texte, et précédée d'une introduction par M. le baron Davillier. *Paris, E. Plon et Cie,* 1881, 2 vol. gr. in-8, br.

97. **Hauër.** Meubles, vases et ornements divers, 81 pièces en 1 vol. in-4, demi-rel., maroq. viol., dos et coins.

98. **Heidloff.** Les Ornements du Moyen Age, par Charles Heidloff. *Paris, A. Morel et Cie,* s. d., 1 vol. in-4, demi-rel. maroq., br.

99. **Hertfelder.** Basilicæ ss, Udalrici et Afræ Augustæ vindelicorum historiæ, 1627, 1 vol. in-fol., cart. (Manque le titre.)

100. **Histoire** des Impératrices, avec les observations morales et politiques, enrichie de leurs portraits en taille douce. *A Paris, chez Nicolas de Sercy,* 1646, 1 vol. in-4, vél. *Fig.*

101. **Historischer** Bilder Bibel. Erster Theil in sich haltend die Abbildung der Historien aller Patriarchen des Bùchs Mose, von Iohann Ulrich. *Kraüsren In Augsburg Anno* 1705, 1 vol. in-fol. vél. *Fig.*

102. **Hogarth**. Les Satyres de Guillaume Hogarth, œuvre morale et comique en 79 sujets. *A Londres, chez Robert Sayer*, 1768, 1 vol. in-fol. cart.

103. **Hope**. Costume of the ancients by Thomas Hope. *London*, 1809, 2 vol. in-4, v. *Fig*.

104. **Huet** (J.-B.). Principes de dessin de tous les genres. 21 pièces en 1 vol. in-4, demi-rel. maroq. br., dos et coins.

105. **L'Huilier**. Livre d'ornements à l'usage des artistes dessins par L'Huilier et gravés par Doublet et Romæ. *A Paris, chez Jean*, s. d., 1 vol. in-fol. cart.

106. **Jolimont** et **Cagniet**. Recueil d'objets d'art et de curiosités dessinés d'après nature par T. de Jolimont et J. Cagniet, gravé à l'eau-forte et publié par Caroline Naudet, 1837, 1 vol. in-fol. demi-rel. bas.

107. **Jombert**. Répertoire des Artistes ou Recueil des compositions d'architecture et d'ornements antiques et modernes, de toute espèce par divers auteurs dont les principaux sont : Marot, Loire, Du Cerceau, Le Pautre, Cottart, Pierretz, Cotelle, Le Roux, Berrain, etc. Avec un abrégé historique de la vie et des ouvrages de chacun de ces artistes, par Charles-Antoine Jombert. Ouvrage pour servir de suite aux œuvres d'architecture de Jean Lepautre. *A Paris, chez l'auteur*, 1765, 2 tomes en 1 vol. in-fol. v. Superbe exemplaire de ce très rare recueil (Incomplet de trois cahiers.)

108. **Jonquet** (A.). Original sketches for art furniture, in the Jacobean, Queen Anne. Adams and other styles by. A. Jonquet, *London*, 1879, 1 vol. in-fol. cart.

109. **Julienne** (E.). L'Ornemaniste des Arts industriels, recueil complet de tous les styles d'ornemens employés et ajustés dans la décoration avec les notes descriptives de chaque style. *A Paris, chez Letousé*, 1844, 1 vol. in-fol. cart. contenant 79 pl.

110. **Kaseman**. Ordres d'Architecture. 16 pièces en 1 vol. in-fol. cart.

111. **Kleiner**. Représentation naturelle et exacte de la favorite de Son Altesse Electorale de Mayence, en quatorze différentes vues et autant de plans, sur les dessins du Sr Salomon Kleiner, ingénieur de la cour électorale, pris sur les lieux : ce tout gravé et mis en tailles douces aux dépens et chez les héritiers de Jérémie Wolff. *A Augsbourg*, 1726, 1 vol. in-fol. obl. cart.

112. **Kleiner.** Le même ouvrage. 1 vol. in-fol. obl. cart.

113. **Lacroix** (P.). Les Arts au Moyen Age et à l'époque de la Renaissance, par Paul Lacroix. *Paris, librairie de Firmin-Didot, frères, fils et Cie*, 1869, 1 vol. in-8, demi-rel. maroq. vert. *Fig.*

114. **La Feuille** (Daniel de). Devises et emblèmes anciennes et modernes tirées des plus célèbres auteurs, avec plusieurs autres nouvellement inventées, par les soins de Daniel de La Feuille. *A Amsterdam*, 1692, 1 vol. in-8, cart.

115. **La Fontaine.** Fables choisies mises en vers par J. de La Fontaine (Tome premier). *Paris*, 1755, 1 vol. in-fol. v. *Fig. gr. d'ap. J.-B. Oudry.*

116. **Lalonde.** Meubles des 1re, 2e et 3e parties de l'œuvre de Lalonde. 160 pièces en 1 vol. in-fol. demi-rel. v. dos et coins.

117. **Lalonde.** Décorations intérieures, rosaces, cheminées, corniches, bordures, etc. des 1re, 2e et 3e parties de l'œuvre. 96 pièces en 1 vol. in-fol. demi-rel. v. dos et coins.

118. **Lalonde.** Orfèvrerie, bronze, pendules, etc. des 1re, 2e et 3e parties de l'œuvre de Lalonde. 100 pièces en 1 vol. in-fol. demi-rel. v., dos et coins.

119. **Lamesangère.** Costume parisien, de l'an VII à 1829. 490 pièces en 5 vol. in-8, demi-rel. bas.

120. **Lamour.** Recueil des ouvrages en serrurerie que Stanislas le Bienfaisant, roy de Pologne, duc de Lorraine et de Bar, a fait poser sur la place Royale de Nancy ; composé et exécuté par Jean Lamour son serrurier ordinaire avec un discours sur l'art de serrurerie et plusieurs autres dessins de son invention. *A Nancy, chez l'auteur*, s. d. in-fol. br.

121. **Lanfranc.** Têtes de femmes et de guerriers. Statues, etc. 9 pièces.

122. **Lanté.** Costumes de divers pays, gravés par Gatine, d'après Lanté. 50 pièces coloriées en 1 vol. in-fol., cart.

123. **Lavater.** Essai sur la physiognomonie, destiné à faire connaître l'homme et à le faire aimer, par Jean-Gaspard Lavater. *La Haye*, 1781-1803, 4 vol. gr. in-4, demi-rel. bas.

124. **Le Brun.** Tapisseries du Roy, où sont representez les quatre elements et les quatre saisons, avec les devises qui les accompagnent et leur explication. *A Paris, chez Sébastien Mabre-Cramoisy*, 1679, 1 vol. in-fol. v. (*Aux armes du Roi*).

125. **Lenardi.** Ragguaglio della solenne comparsa, fatta in Roma gli otto di Gennaio, 1687, dall illustrissimo et eccellentissimo signor ambasciadore straordinaro della sacra real maesta Giacomo secondo. Re d'Inghilterra, Scozia, Francia et Ibernia. *In Roma*, s. d., 1 vol. in-fol. v. *Fig. gravées par Westerhout, d'après Lenardi.*

126. **Lenoir** (Al.). Choix d'ornements extraits du Musée des monuments français, par Alexandre Lenoir. *Paris*, 1856, 1 vol. in-4, cart.

127. **Lepautre.** Œuvres d'architecture de Jean Lepautre, dessinateur des batimens du Roy. *A Paris, chez Charles-Antoine Jombert*, 1751, 3 vol. pet. in-fol. v. Très bel exempl.

128. **Lepautre.** Collection des plus belles compositions de Lepautre. Reproductions publiées chez Decloux et Bourg. 65 pl. en portefeuille.

129. **Lepautre.** Œuvres d'architecture d'Antoine Le Paultre, architecte ordinaire du Roi. *A Paris, chez Jombert*, s. d. 1 vol. in-fol., v.

130. **Lepautre.** Le même Ouvrage, 1 vol. in-fol., v.

131. **Liénard.** Spécimens de la décoration et de l'ornementation au XIXe siècle, par Liénard. *Liège, Leipzig* et *Paris*, 1866, 1 vol. in-fol., cart.

132. **Lièvre** (Edouard). Les Collections célèbres d'œuvres d'art, dessinées et gravées d'après les originaux, par Edouard Lièvre. *Paris, Goupil et Cie*, 1866-1869, 2 vol. in-fol., demi-rel. maroq. viol., dos et coins.

133. **Lièvre.** Les Arts décoratifs à toutes les époques, par Edouard Lièvre. *Paris, Ve A. Morel et Cie*, 1870, 2 vol. in-fol., demi-rel. maroq. vert.

134. **Lièvre** (Ed.). Works of art in the collections of england, drawn by Edouard Lièvre, and engraved by Braquemond, Courtry, Flameng, Greux, Lerat, etc. *London, Holloway et fils*, s. d., in-fol. en portefeuille.

135. **Lièvre** (Ed.). Les Maîtres anciens et contemporains, œuvres choisies dans les Musées et collections

particulières. 6 livr. contenant 35 sujets, in-fol. en portefeuille.

136. **Lièvre** (Ed.). Le Musée universel par Edouard Lièvre, avec le concours des artistes et des écrivains les plus distingués. *Paris, Goupil et Cie*, 1868, in-4 en portefeuille. 22 pièces.

137. **Lièvre** (Ed.). Musée et Collections, édition spéciale publiée sous le patronage de la Société d'encouragement, pour la propagation des livres d'art. *Paris*, s. d., 70 pl. avec texte in-fol., en feuilles.

138. **Lièvre** (Ed.). Cours d'ornement par Edouard Lièvre. *Paris, Goupil et Cie*, 1868, 15 pièces in-fol. en portefeuille.

139. **Lièvre** et **Sauzay.** Musée Impérial du Louvre. Collection Sauvageot, dessinée et gravée à l'eau-forte, par Edouard Lièvre, accompagnée d'un texte historique et descriptif, par A. Sauzay. *Paris, Noblet* et *Baudry*, 1863. 2 vol. in-fol., demi-rel.-maroq. vert.

140. **Livre** de Blazon, contenant une ample explication des métaux et couleurs avec leurs significations, les huit pointes de l'Ecu des différentes couronnes et tenants, etc., pour l'usage des Armoiries. *A Paris, chez Vaneck*, s. d., 1 vol. in-fol. cart.

141. **Livre** de prières, illustré à l'aide des ornements des manuscrits du Moyen Age, publié par B.-Charles Mathieu. *Paris*, s. d., in-4, en feuilles.

142. **Magneney.** Blasons. 1 vol. in-8, contenant 103 pl.

143. **Maincent** (E.). L'Art du Tourneur. *Paris*, 1869, 1 vol. in-4, v. *Fig.*

144. **Mangeant.** Journal de menuiserie spécialement destiné aux architectes, aux menuisiers et aux entrepreneurs, publié sous la direction de M. Adolphe Mangeant. *Paris, A. Morel et Cie*, 1863, 1 vol. in-4, demi-rel., v.

145. **Marcal.** Etudes sur l'ameublement ancien et moderne. Compositions nouvelles, dessinées par Marcal. *A Paris*, s. d., 117 pl. in-fol., en portefeuille.

146. **Marillier.** Nouveaux Trophées ou Cartouches, représentant les Arts et les Sciences, composés avec les attributs qui les caractérisent, par Marillier. Suite de 13 pièces. — **Lavallée-Poussin.** Arabesques,

41 pièces. Ces deux séries en 1 vol. in-fol., demi-rel., maroq. br., dos et coins.

147. **Marolois.** Pratique de Géométrie. 1 vol. in-4 obl. cart.

148. **Marot** (J.). Œuvres d'architecture de Jean Marot, ou Recueil des plans, profils et élévations de plusieurs Palais, Chasteaux, Églises, Sépultures, Grottes et Hostels, bâtis dans Paris et aux environs, desseignez, mesurés et gravés par Jean Marot, architecte parisien. *A Paris, chez Jombert,* 1764, 1 vol. in-4, v. marb. *Fig.*

149. **Mazois.** Le Palais de Scaurus, ou description d'une maison romaine, fragment d'un voyage de Mérovir à Rome, vers la fin de la République, par F. Mazois, précédé d'une notice biographique par M. Varcollier. *Paris*, 1859, 1 vol. in-8, br. *Fig.*

150. **Meissonier.** Partie de l'Œuvre de Juste-Aurèle Meissonier. 64 pièces en 1 vol. in-fol., demi-rel., maroq. br., dos et coins.

151. **Mezeray.** Histoire de France, depuis Pharamond jusqu'au règne de Louis-le-Juste, par le sieur F. de Mezeray. Historiographe de France. *Paris*, 1685, 2 vol. in-fol., v. (Manque le tome II.)

152. **Le Moniteur** des architectes, revue mensuelle de l'art architectural et des travaux publics. 65 livr.

153. **Moreau.** Suite de 30 gravures, d'après Moreau, par divers graveurs, pour illustrer les œuvres de J.-J. Rousseau. In-4.

154. **Nash.** The mansions of england in the olden time, by Joseph Nash. *A. D.*, 1839, 4 vol. in-fol., demi-rel. maroq. vert.

155. **De Neufforge.** Recueil élémentaire d'architecture. *Paris, chez l'auteur*, 4 vol. in-fol. cart.

156. **Ohlers.** Die offene schreibscule in welchev die edle und hochstnûtzbahre Schreibkunst... von Joh. Christoph Ohlers. 1 vol. in-4, demi-rel. vél.

157. **Oppenort.** Livre de fragmens d'architecture, recueillis et dessinés à Rome, d'après les plus beaux monumens, par G. M. Oppenort, directeur général des bâtimens de Son Altesse royale, Monseigneur le duc d'Orléans, régent. *Paris, Huquier sc. et ex.*, 158 pièces de cette suite en 1 vol. in-4, demi-rel. maroq. brun, dos et coins.

158. **D'Orbigny**. Dictionnaire universel d'histoire naturelle. 248 planches reliées en 3 vol. in-4., demi-rel. maroq. rouge, dos et coins.

159. **Ortelli**. Deorum. Dearumque capita, ex musæo Abr. Ortelli Antverpiae, 1573, 1 vol. in-4, cart. (Manque le titre).

160. **Owen Jones**. The grammar of ornament by Owen Jones. Illustrated by examples from various styles of ornament. One Hundred folio plates drawn on stone by F. Bedford, and printed in colours by day and son. *London*, 1855, 1 vol. in-fol. demi-rel. maroq. br.

161. **Owen Jones**. Examples of chinese ornement selected from objects in the south kensington museum and other collections by Owen Jones. *London*, 1867, 1 vol. in-fol. cart.

162. **Palladio**. I. quattro libri dell'architettura di Andrea Palladio. *In Venetia*, 1570, 1 vol. v. *Fig. gravées sur bois.*

163. **Palladio**. Le même ouvrage in-fol. v.

164. **Parterres**. Twee houdert modellen voor de liefhebbers van Hoven en Thuynen... *Amsterdam*, 1669, 1 vol. in-4, demi-rel. v.

165. **Pauquet**. Modes et costumes historiques dessinés et gravés par Pauquet frères... Paris aux bureaux des modes et costumes historiques. 2 vol. in-4, demi-rel. maroq. br., dos et coins. *Fig. coloriées.*

166. **Péquègnot**. Ornements, vases et décorations par Péquègnot. 1862, 1 vol. in-4, cart.

167. **Petit**. Collection de dessins d'ornement comparés, dessinés et gravés par Jacob Petit. 1 vol. in-fol. cart.

168. **Pfnor**. Architecture, décoration et ameublement, époque Louis XVI, dessinés et gravés d'après des motifs choisis dans les palais impériaux : le mobilier de la couronne, les monuments publics et les habitations privées, avec texte descriptif par M. Rodolphe Pfnor. *Paris, A. Morel*, 1865, 1 vol. in-fol., demi-rel. maroq. br., dos et coins.

169. **Pfnor**. Monographie du Palais de Fontainebleau, dessinée et gravée par M. Rodolphe Pfnor, accompagnée d'un texte historique et descriptif, par M. Champollion-Figeac. *Paris, A. Morel*, 1863, 2 vol. in-fol., demi-rel. maroq. vert.

170. **Pfnor**. Monographie du Château de Heidelberg, dessinée et gravée par Rodolphe Pfnor, accompagnée d'un texte historique et descriptif, par Daniel Ramée. *Paris, Morel*, 1859, 1 vol. in-fol., demi-rel. maroq. vert.

171. **Pfnor**. Le Mobilier de la couronne et des grandes collections publiques et particulières du XIIIe au XIXe siècle, par Rodolphe Pfnor. *Paris*, s. d., in-4, en portefeuille.

172. **Popelin** (Cl.). L'émail des peintres, par Claudius Popelin. *Paris, A. Lévy*. 1866, 1 vol. in-8, cart.

173. **Portraits** des rois de France depuis Pharamond jusqu'à Henri IV. 1 vol. in-fol., demi-rel., v.

174. **Prignot**. Décors intérieurs pour édifices publics et privés. — L'architecture, la décoration et l'ornement. 135 photographies de ces deux ouvrages, par Eugène Prignot, in-fol., en portefeuilles.

175. **Prisse D'Avennes**. L'Art arabe d'après les monuments du Kaire depuis le VIIe siècle jusqu'à la fin du XVIIIe, par Prisse D'Avennes. *Paris, Ve A. Morel et Cie*, 1877, 3 vol. in-fol. (*pl.*), demi-rel., maroq. viol., dos et coins, et 1 vol. in-4 de texte, br.

176. **Pugin** (A.). Meubles dans le style gothique, dessinés par Augustin Pugin. *A Paris, chez Varin*, s. d., 1 vol. in-4, cart.

177. **Putel** (A.). Perspectiva pictorum et architectorum, Andreæ Putel. *Londini*, 1593, 1 vol., in-fol., v.

178. **Quellinus**. Aerdighe festonnen geinventeert door Artus Quellinus... *Amsteldam*, s. d., 24 pl. formant trois suites en 1 vol. in-8, obl., cart.

179. **Raguenet**. Matériaux et documents d'architecture et de sculpture, par M. Raguenet. *Paris, Ducher et Cie*, s. d., gr. in-8, en livraisons.

180. **Ranson**. Meubles, trophées, arabesques, chiffres, groupes de fleurs, etc. 95 pièces en 1 vol. in-fol., demi-rel. maroq. brun, dos et coins.

181. **Raphaël**. Les loges du Vatican, gravées sous la direction de Choffart. 26 compositions imprimées sur 13 feuilles. 1 vol. in-fol., demi-rel. maroq. viol.

182. **Recueil** d'antiquités romaines ou Voyage d'Italie, composé de 60 planches, dans lequel on trouve divers

vases, autels, trépieds, etc. *A Paris, chez Basan*, s. d., 1 vol. in-4, cart.

183. **Recueil** de costumes et coiffures du XVIIIe siècle, d'après Leclerc, Desrais, Duhamel, J.-B. Huet, Watteau fils, Wille fils, Schenau, etc. 36 pièces reliées dans 2 vol. in-fol., demi-rel. maroq. vert, dos et coins.

184. **Recueil** de vignettes, fleurons, adresses, cartes de visite, etc., par Cochin, Gravelot, de Sève, Marillier, Moreau, etc. 247 pièces en 1 vol. in-8 obl., cart. Dans ce recueil se trouvent 130 pièces de l'Iconologie de Gravelot et Cochin, en épreuves avant la lettre.

185. **Recueil** de cartouches, culs-de-lampe, entourages, chiffres, etc. 95 pièces en 1 vol. in-4 obl., demi-rel. bas.

186. **Recueil** de sujets tirés des Métamorphoses d'Ovide, 1 vol. in-8, cart.

187. **Recueil** de figures d'enfants, d'après divers artistes des XVIIe et XVIIIe siècles. 108 pièces en 1 vol. in-fol., demi-rel. maroq. rouge, dos et coins.

188. **Recueil** de cheminées, boiseries intérieures, lambris, portes-cochères, etc., par Mansart, Pineau, Mariette, A. Poilly, André-Charles Boulle. 79 pièces en 1 vol. in-fol., demi-rel. maroq. brun, dos et coins.

189. **Recueil** de mascarons, attributs, trophées de guerre, vases, arabesques, autels, etc., par Charmeton, Pillement, Vauquier, Vouet, Dolivar, etc. 48 pièces en 1 vol. in-4, demi-rel. maroq. brun, dos et coins.

190. **Recueil** de meubles, monuments rocaille, consoles, cadres, arabesques, cartouches, attributs, pendules et serrurerie. 73 planches par Babel, Cuvillies, Delajoue, Oppenort, Huquier, Poulleau, etc. 1 vol. in-fol., demi-rel. maroq. vert, dos et coins.

191. **Recueil** de Meubles et Arabesques, par Prieur Michel et Tibesaert. 66 pièces en 1 vol. in-fol., maroq. bl., dos et coins.

192. **Recueil** de Cheminées, Cartouches et Ornements divers, par de Bros, Côtelle, Mitelli, etc. 62 pl. en 1 vol. in-fol. demi-rel. maroq. br., dos et coins.

193. **Recueil** de Meubles et Intérieurs, Vases, Cheminées et Fontaines, par Boucher fils et Le Canu. 102 pièces en 1 vol. in-fol., demi-rel. maroq. vert, dos et coins.

194. **Recueil** des Modèles de bronzes d'art et d'ameublement, de la fabrique de D. Mercier. 1 vol. in-fol. cart.

195. **Recueil** de Portraits des ducs de Bavière. 60 pièces en 1 vol. in-4, cart.

196. **Recueil** de Portraits et Sujets religieux avec cartouches d'ornements. 1 vol. in-fol., demi-rel. v.

197. **Recueil** d'Estampes, sujets religieux et autres. 84 pièces en 1 vol. in-fol, cart.

198. **Recueil** de Sujets de l'histoire romaine. 37 pièces en 1 vol. in-8, demi-rel. maroq. violet, dos et coins.

199. **Recueil** de Sujets de l'Ancien et du Nouveau Testament, gravés sur bois. 156 compositions imprimées sur 78 feuilles.

200. **Recueil** de Plans, Vues et Antiquités de Rome. Compositions d'après les maîtres italiens, ornements, etc. 228 pièces en 1 vol. in-fol. v.

201. **Renoir**. Chiffres Louis XV. 1 vol. in-4, cart.

202. **Revoil** (H.). Architecture romane du Midi de la France, dessinée, mesurée et décrite par Henri Revoil. *Paris, A. Morel*, 1864-1873. 211 pl. avec texte, en feuilles.

203. **Reynard**. Reproductions d'ornemens anciens, publiés chez Hauser. 2 vol. in-fol., maroq. violet.

204. **Richardson** (C.-J.). Studies from old english mansions. *London*, 1842, 2 vol. in-fol., demi-rel. maroq. vert.

205. **Riester** (M.). Ornemens tirés des quatre écoles, 1re série. 200 pl. par Martin Riester. *Paris, A. Morel*, s. d., 2 vol. in-4, demi-rel. maroq. br.

206. **Riester**. Chiffres ornés, inventés et gravés par Martin Riester. *Paris*, s. d. 1 vol. in-4, cart.

207. **Robson**. Modern domestic building construction, illustrated by plans, sections, elevations, and complete Working details of a villa residence; together with a specification of the work in each trade; also a supplement on drainage, fire-proof floors, iron Girdens, and wood and iron roofs, by George Robson. *London*, 1876. 1 vol. in-fol., cart.

208. **Rooses** (Max). Musée Plantin-Moretus, à Anvers, notice par Max Rooses, conservateur du Musée. Photo-

typies par Jos Maes. *Anvers, Jos Maes*, s. d.. 1 vol. in-4, cart.

209. **Rosset.** L'Agriculture, poème. *A Paris, de l'Imp. Roy.*, 1774, 1 vol. in-4, v. *Fig.*

210. **Roubo.** L'Art du menuisier et l'Art du treillageur, par M. Roubo, le fils, compagnon menuisier. 1769, 3 vol. in-fol., cart.

211. **Rouyer.** L'Art architectural en France, depuis François Ier jusqu'à Louis XIV, par Eugène Rouyer, architecte, texte par A. Darcel. *Paris, Noblet et Baudry*, 1863-1866, 2 vol. gr. in-4, demi-rel. maroq. vert., dos et coins.

212. **Rouyer.** La Renaissance, de François Ier à Louis XIII. Décorations intérieures, lambris, panneaux, portes, cheminées, meubles, plafonds, etc., relevés, mesurés et dessinés, avec profils et détails d'exécution, par Eugène Rouyer. *Paris, Baudry*, s. d., in-fol. en livr.

213. **Rugendas.** Batailles de l'époque Louis XIV. 19 pièces en 1 vol. in-fol. cart.

214. **Ruscelli.** Le imprese illustri con espositioni, et discorsi del Sr Jeronimo Ruscelli. *In Venetia, l'anno* 1566, 1 vol. in-4, v. *Fig.*

215. **Sadeler.** Les Fables d'Esope, gravées par Sadeler, avec un discours préliminaire, et les sens moraux en distiques. *A Paris, chez Thiboust*, 1743, 1 vol. in-4, v., maroq. *Fig.*

216. **Saly.** Recueil de Vases, suite de 30 pièces et un titre, en 1 vol. in-fol., v.

217. **Sambin.** Œuvre de la diversité des termes, dont on use en architecture, réduit en ordre, par maistre Hugues Sambin, demeurant à Dijon. *A Lyon, par Jean Durant*, 1572, 1 vol. in-fol., demi-rel., maroq. rouge. dos et coins.

218. **Sambuci.** Veterum aliquot ac recentium medicorum philosophorumq incones ex officina Plantiniana. 1603, 1 vol. in-fol., v.

219. **Sancet.** Stalles du chœur de la cathédrale d'Auch. Texte et dessins par L. Sancet. *Paris, A. Morel et Cie*, 1862, 1 vol. in-fol. cart.

220. **Sandrart.** Deutsche Academie der Bau-Bildhauer und Maler-Kunst, durch Joachim von Sandrart. *Nurnberg*, 1769-1775, 7 vol. in-fol., cart. *Fig.*

221. **Sandrart.** Joachim von Sandrart Deutsche Academie der Bau-Bildhauer, und Maler-Kunst. *Nurnberg*, 1768, 1 vol. in-fol., v. *Fig.*

222. **Sauvageot** (Cl.). Palais, Châteaux, Hôtels et Maisons de France, du xve au xviiie siècle, par Claude Sauvageot. *Paris*, *A. Morel*, 1867, 3 vol. gr. in-4, demi-rel. maroq., dos et coins.

223. **Scamozzi.** De Schoonheyt ofte Gront-regulen der alghemeine Architecture van Vincent Scamozzi. 1 vol. in-fol., sans titre.

224. **Scamozzi.** Tutte l'opere d'Architettura, et prospetiva di Sebastiano Serlio Bolognese. Diviso in sette libri. *In Venetia*, 1619, 1 vol. in-4, v.

225. **Scamozzi.** L'Idea della architettura universale. di Vincenzo Scamozzi, architetto veneto. *Venetiis*, 1515, 1 vol. in-fol., demi-rel., bas.

226. **Schynvoet** (J.). Obélisques et vases pour décoration de jardins. 54 pièces formant deux suites en 1 vol. in-fol., cart.

227. **Small** (J.-W.). Scottish woodwork of the sixteenth and seventeenth centuries measured and drawn for the stone by John William Small, architecte. *Edinburgh*, 1878, 1 vol. in-fol., demi-rel. maroq. brun.

228. **Sorrieu.** Galerie des modes et costumes français dessinés d'après nature par les plus célèbres artistes dans ce genre, dessinés d'après les originaux par Frédéric Sorrieu. *A Paris*, *chez Janet*, s. d., 1 vol. in-4, demi-rel. maroq. brun, dos et coins.

229. **Splendor** magnificentissimæ urbis Venetiarum clarissimus, in duas partes distributus. *Lugduni Batavorum Petri Vander Aa.*, s. d., 1 vol. in-fol., v. *Fig.*

230. **Talbert** (B.-J.). Examples of ancient and modern furniture metal, work, tapestries, décorations, etc., by B.-J. Talbert. *London*, 1876, 1 vol. in-fol., cart.

231. **Taylor.** Voyage pittoresque et romantique dans l'ancienne France (Languedoc), par MM. Ch. Nodier, J. Taylor et Alph. de Cailleux. *Paris*, 1833, 1 vol. in-fol., cart.

232. **Thomassin.** Recueil des statues, groupes, fontaines, termes, vases et autres magnifiques ornements du château et parc de Versailles, le tout gravé d'après

les originaux par Simon Thomassin. *A La Haye*, 1724, 1 vol. in-4, v.

233. **Toro** (J.-B.). Tables, vases, trophées, arabesques, etc. 55 pièces en 1 vol. in-fol., demi-rel. maroq. brun, dos et coins.

234. **Traité** d'Honoré Cheris, registre des délibérations. Manuscrit de 154 feuillets dont 123 écrits. 1 vol. in-fol., maroq. rouge.

235. **Ungewitter**. Entwurfe zu gothischen mobeln von G.-G. Ungewitter. *Leipzig*, s. d., 1 vol. in-fol., demi-rel. maroq. viol.

36. **Vaillant** (J.). Numismata imperatorum romanorum præstantiora a Julio Cœsare ad postumum usque. *Romæ*, 1743, 3 vol. in-4, demi-rel. bas.

237. **Varin**. L'Architecture en Suisse ou Choix de constructions rustiques prises dans toutes les parties de la Suisse, dessinées et gravées par A. et E. Varin. *Paris, Morel*, 1861, 1 vol. gr. in-4, demi-rel. maroq. vert.

233. **Vecellio**. Corona delle nobili et virtuose donne. *In venetia*, 1592. Reproduction de ce très beau livre de dentelles, divisé en quatre parties. 1 vol. in-4, obl br.

239. **Verien**. Livre curieux et utile pour les sçavans et artistes, composé de 3 alphabets de chiffres simples, doubles et triples, fleuronnés et au premier trait. Accompagné d'un très grand nombre de devises, emblèmes, médailles et autres figures ; le tout inventé, dessiné et gravé par Nicolas Verien, maistre graveur. *A Paris*, s. d., 1 vol. in-8, cart.

240. **Vignole**. Reigle des cinq ordres d'architecture de M. Jaques Barozzio, de Vignole, avec une augmentation nouvelle de Michel Angelo Bonaroti. *Amsterdam*. 1642, 1 vol. in-fol., demi-rel. maroq. vert, dos et coins.

241. **Vignola**. Regola delli cinque ordini d'architettura di M. Jacomo Barozzio da Vignola. Pietro Marchetti, in siena. S. d., 1 vol. in-fol. vel.

242. **Vignola**. Le même ouvrage. 1 vol. in-fol. v.

243. **Viollet-le-Duc**. Dictionnaire raisonné de l'Architecture française, du XIe au XVIe siècle, par M. Viollet-le-Duc. *Paris, Bance et Morel*, 1858-1868, 10 vol. in 8, demi-rel. maroq. vert. *Fig.*

244. **Viollet-le-Duc.** Dictionnaire du mobilier français de l'époque Carlovingienne à la Renaissance. *Paris, Bance et Morel,* 1858-1875, 6 vol. in-8. demi-rel. vel. *Fig.*

245. **Vollet.** Modèles de meubles. *Paris, Blandin.* 16 pl. en 1 vol. in-fol., demi-rel. maroq. violet, dos et coins.

246. **Volpato.** Les Stucs, d'après Raphaël. 12 pièces.

247. **Vrièse.** Meubles, Cariatides, Cartouches, Bordures et Arabesques, etc. 85 pièces en 1 vol. in-4, demi-rel. v.

248. **Vriese.** Plusieurs menuiseries, comme portaulx, garde-robes, buffets, etc., le tout for artistement adjencé et marqué par le fameux Paul Vredeman de Vriese; suite de 40 pièces, reproductions par la photolithographie, 1 vol. in-4, demi-rel., v.

249. **Vriese** (J. Vredeman de). Cinq Ordres d'architecture, monuments, cheminées, lucarnes et culs-de-lampes, 80 pièces en 1 vol. gr. in-4, demi-rel., v.

250. **Vriese.** Petits monuments, tombeaux, puits, etc. 74 pièces en 1 vol. in-4, demi-rel., veau.

251. **Vriese.** Recueil d'Arabesques inventées par Joh. Vredeman de Vriese, reproduction *fac-simile* de l'édition originale. *Bruxelles,* 1870, in-4, en portefeuille.

252. **Wicar.** Tableaux, statues, bas-reliefs et camées de la galerie de Florence et du palais Pitti, dessinés par M. Wicar, peintre, et gravés sous la direction de M. Lacombe, avec les explications par M. Mongez. *Paris, Lacombe,* 1789, 1 vol. in-fol., cart.

253. **Willemin.** Choix de costumes civils et militaires des peuples de l'antiquité, leurs instruments de musique, leurs meubles et les décorations intérieures de leurs maisons, d'après les monuments antiques, avec texte tiré des anciens auteurs, dessiné, gravé et rédigé par N.-X. Willemin. *Paris,* 1798, 2 vol. in-fol., cart.

254. **Williamson.** Les Meubles d'art du mobilier national, choix des plus belles pièces conservées au garde-meuble et dans les palais nationaux, reproduites par les procédés de l'héliogravure en taille de P. Dujardin, publiées avec texte par E. Williamson. *Paris, J. Baudry,* 1883, 2 vol. in-fol., demi-rel. maroq., br., dos et coins.

255. **Woolnoth.** Graphic illustration of the metropolitan Cathedral envren of Canterbury by William Woolnoth, 1816. 20 pl. en 1 vol. in-4, br.

256. **Wyatt.** Metal-Work and its artistic design., By Digby Wyatt. *London*, 1852, 1 vol. in-fol., cart.

257. **Wyatt.** The Art of illuminating as practised in Europe from Earliest times. *London*, 1860, 1 vol. in-8, cart. *Fig. en couleur.*

ESTAMPES

BAUDOUIN (D'après P.-A.)

258. Le Couché de la mariée, par J.-M. Moreau et Simonet. Très belle épreuve.

259. Le Fruit de l'amour secret, par Voyez Junior. Très belle épreuve.

FOURNIER (D'après)

260. La Lettre désirée par A. Chaponnier. Belle épreuve avant la lettre.

FREUDEBERG (D'après S.)

261. Les Confidences, par C.-L. Lingée, 1774. Très belle épreuve avant le n°.

262. Le Bain, par A. Romanet. 1774. Très belle épreuve avant le n°.

263. La Visite inattendue, par Voyez l'aîné. Belle épreuve.

LAVREINCE (D'après N.)

264. L'heureux moment, par N. Delaunay. Très belle épreuve.

265. Sous ce numéro, il sera vendu un grand nombre d'estampes diverses, ornements, architecture, meubles, etc.

DESSINS

266. Sous ce numéro, il sera vendu environ 4,500 dessins industriels, modèles de meubles de toutes les époques, tentures, bronzes, etc., ayant servi de modèles à la maison Mazaroz-Ribalier.

PHOTOGRAPHIES

267. Sous ce numéro, il sera vendu environ 3,000 photographies de meubles divers : Armoires, chaises fauteuils, lits, cheminées, buffets, pendules, guéridons, consoles, meubles de salle à manger, etc.

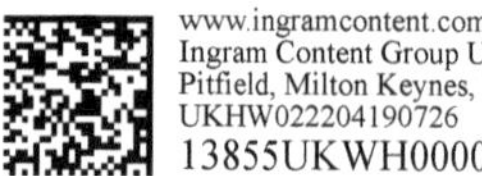

www.ingramcontent.com/pod-product-compliance
Ingram Content Group UK Ltd.
Pitfield, Milton Keynes, MK11 3LW, UK
UKHW022204190726
13855UKWH00004B/1616